ALFAGUARA MR

CUÁLES ANIMALES

D.R. © del texto y de las ilustraciones: Juan Gedovius, 2012

D.R. © de esta edición:
    Santillana Ediciones Generales, S.A. de C.V., 2012.
    Av. Río Mixcoac 274, Col. Acacias.
    C.P. 03240, México, D.F., teléfono (55) 54 20 75 30

Alfaguara es un sello editorial del **Grupo Prisa**.
Éstas son sus sedes:

Argentina, Bolivia, Chile, Colombia, Costa Rica, Ecuador, El Salvador, España, Estados Unidos, Guatemala, México, Panamá, Paraguay, Perú, Puerto Rico, República Dominicana, Uruguay y Venezuela.

Primera edición: diciembre de 2012

ISBN: 978-607-11-2383-1

Impreso en México

Este libro se terminó de imprimir en el mes de
Diciembre de 2012, en Edamsa Impresiones S.A. de C.V.
Av. Hidalgo No . 111, Col. Fracc. San Nicolás Tolentino C.P. 09850,
Del. Iztapalapa, México, D.F.

PRISA EDICIONES

Cuáles animales

Juan Gedovius

ALFAGUARA

INFANTIL

Lechería de la pradera
Muge plácida granjera

Tintero de mil ventosas

Ocho manos talentosas

Dentadura de pantano

Heladísimo playero

Nada tiene de ligero

Agua de sal rebanada

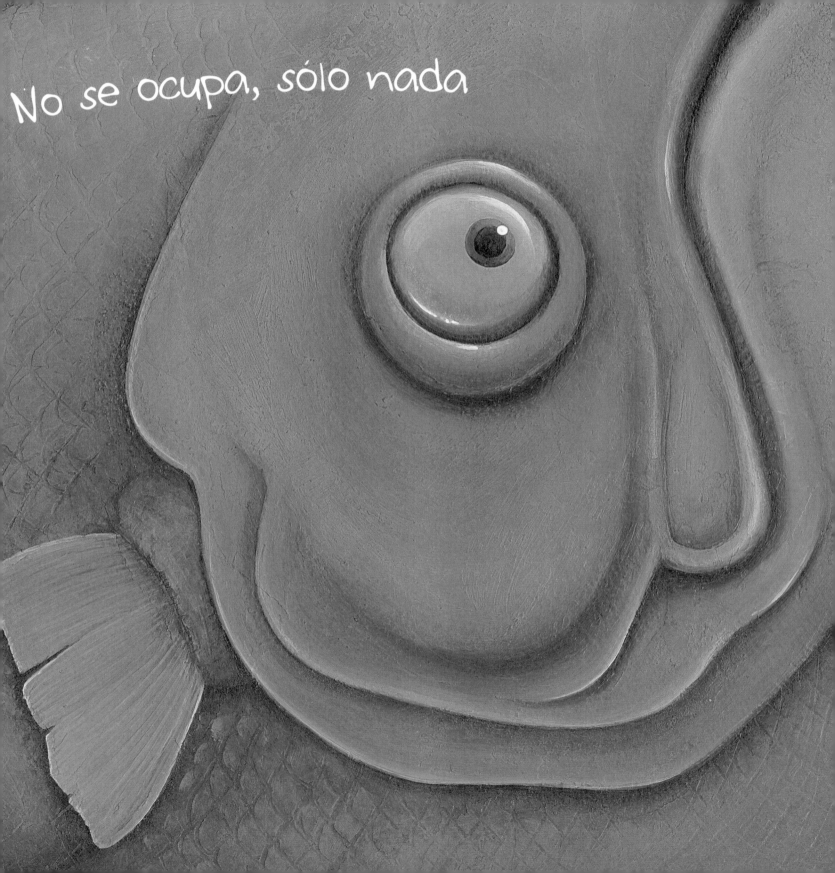

No se ocupa, sólo nada

Calma piedra sin prisa
Es muy dura su camisa

Fortachón azucarado

Viene todo despeinado

En arena y de costado

Cascanueces confitado

Vuelta y vuelta su casita
Lo baboso no se quita

Orejón, también rollizo
y su trompa llega al piso

No camina, se retuerce

Pura cola me parece

Rey felino de sabana
Duerme toda la semana

Juan Gedovius

Trasnochador incorregible y pescador de dragones de mar.

Desde temprana edad acompañado siempre de pinceles, pintura o cualquier otro utensilio que le permita capturar en papel todas aquellas criaturas moradoras de sueños, encontrando en los libros el medio óptimo para acercar un pedacito de fantasía a quienes gusten darse un chapuzón en sus páginas.

Más de 60 publicaciones y numerosas exposiciones dentro y fuera del país, 10 premios internacionales, animaciones, portadas discográficas, carteles, museografías y múltiples materiales gráficos.

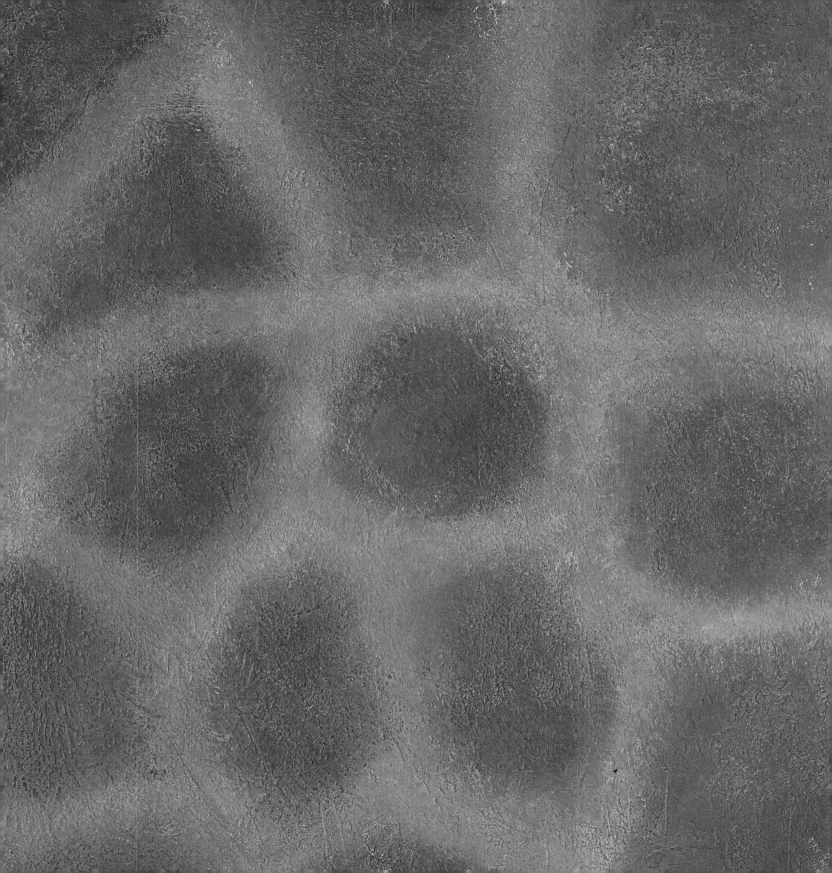